A Season in Hell

ARTHUR RIMBAUD

A SEASON IN HELL

TRANSLATED BY OLIVER BERNARD

PENGUIN BOOKS

PENGUIN BOOKS

Published by the Penguin Group
Penguin Books USA Inc., 375 Hudson Street,
New York, New York 10014, U.S.A.
Penguin Books Ltd, 27 Wrights Lane,
London W8 5TZ, England
Penguin Books Australia Ltd, Ringwood,
Victoria, Australia
Penguin Books Canada Ltd, 10 Alcorn Avenue,
Toronto, Ontario, Canada M4V 3B2
Penguin Books (N.Z.) Ltd, 182–190 Wairau Road,
Auckland 10, New Zealand

Penguin Books Ltd, Registered Offices:
Harmondsworth, Middlesex, England

Published in Penguin Books 1995

This translation of "A Season in Hell" appears in *Collected Poems*
by Arthur Rimbaud, translated and introduced by Oliver Bernard,
published by Penguin Books.

ISBN 0 14 60.0165 6

Printed in the United States of America

A Season in Hell

Jadis, si je me souviens bien, ma vie était un festin où s'ouvraient tous les cœurs, où tous les vins coulaient.

Un soir, j'ai assis la Beauté sur mes genoux. — Et je l'ai trouvée amère. — Et je l'ai injuriée.

Je me suis armé contre la justice.

Je me suis enfui. Ô sorcières, ô misère, ô haine, c'est à vous que mon trésor a été confié!

Je parvins à faire s'évanouir dans mon esprit toute l'espérance humaine. Sur toute joie pour l'étrangler j'ai fait le bond sourd de la bête féroce.

J'ai appelé les bourreaux pour, en périssant, mordre la crosse de leurs fusils. J'ai appelé les fléaux, pour m'étouffer avec le sable, le sang. Le malheur a été mon dieu. Je me suis allongé dans la boue. Je me suis séché à l'air du crime. Et j'ai joué de bons tours à la folie.

Et le printemps m'a apporté l'affreux rire de l'idiot.

Or, tout dernièrement m'étant trouvé sur le point de faire le dernier *couac*! j'ai songé à rechercher la clef du festin ancien, où je reprendrais peut-être appétit.

La charité est cette clef. — Cette inspiration prouve que j'ai rêvé!

«Tu resteras hyène, etc. . . .», se récrie le démon qui me couronna de si aimables pavots. «Gagne la mort avec tous tes appétits, et ton égoïsme et tous les péchés capitaux.»

Ah! j'en ai trop pris: — Mais, cher Satan, je vous en conjure, une prunelle moins irritée! et en attendant les quelques petites

Once, if I remember rightly, my life was a feast at which all hearts opened and all wines flowed.

One evening I sat Beauty on my knees — And I found her bitter — And I reviled her.

I armed myself against justice.

I fled. O witches, O misery, O hatred, it was to you that my treasure was entrusted!

I managed to erase in my mind all human hope. Upon every joy, in order to strangle it, I made the muffled bound of the wild beast.

I called up executioners in order to bite their gun-butts as I died. I called up plagues, in order to suffocate myself with sand and blood. Bad luck was my god. I stretched myself out in the mud. I dried myself in the air of crime. And I played some fine tricks on madness.

And spring brought me the appalling laugh of the idiot.

But just lately, finding myself on the point of uttering my last croak, I thought of looking for the key to the old feast, where I might perhaps find my appetite again.

Charity is this key — This inspiration proves that I have been dreaming!

'You'll go on being a hyena, etc. . . .' cries indignantly the demon who crowned me with such pleasing poppies. 'Reach death with all your appetites, your selfishness, and all the deadly sins.'

Ah! I have brought along too many — But my dear Satan, I beg you, an eye a little less inflamed! And while we are waiting

lâchetés en retard, vous qui aimez dans l'écrivain l'absence des facultés descriptives ou instructives, je vous détache ces quelques hideux feuillets de mon carnet de damné.

Mauvais Sang

J'ai de mes ancêtres gaulois l'œil bleu blanc, la cervelle étroite, et la maladresse dans la lutte. Je trouve mon habillement aussi barbare que le leur. Mais je ne beurre pas ma chevelure.

Les Gaulois étaient les écorcheurs de bêtes, les brûleurs d'herbes les plus ineptes de leur temps.

D'eux, j'ai: l'idolâtrie et l'amour du sacrilège; — oh! tous les vices, colère, luxure, — magnifique, la luxure; — surtout mensonge et paresse.

J'ai horreur de tous les métiers. Maîtres et ouvriers, tous paysans, ignobles. La main à plume vaut la main à charrue. — Quel siècle à mains! — Je n'aurai jamais ma main. Après, la domesticité mène trop loin. L'honnêteté de la mendicité me navre. Les criminels dégoûtent comme des châtrés: moi, je suis intact, et ça m'est égal.

Mais! qui a fait ma langue perfide tellement, qu'elle ait guidé et sauvegardé jusqu'ici ma paresse? Sans me servir pour vivre même de mon corps, et plus oisif que le crapaud, j'ai vécu partout. Pas une famille d'Europe que je ne connaisse. — J'entends des familles comme la mienne, qui tiennent tout de la déclaration des Droits de l'Homme. — J'ai connu chaque fils de famille!

*

for the few little overdue cowardly actions, you, who appreciate in a writer the absence of any descriptive or instructive talent, for you I tear off these few hideous pages from my notebook of a damned soul.

Bad Blood

I inherit from my Gaulish ancestors my whitish-blue eye, my narrow skull, and my lack of skill in fighting. My attire seems to me as barbarous as theirs. But I don't butter my hair.

The Gauls were the clumsiest flayers of cattle and burners of grass of their epoch.

From them I have: idolatry and love of sacrilege — oh! every vice, anger, lechery — magnificent, lechery — above all, mendacity and sloth.

I loathe all trades. Masters and servants—all—peasants, base. The hand with the pen is no better than the hand on the plough — What an age of hands! — I shall never get my hand in. And then servitude leads too far. The honesty of beggary breaks my heart. Criminals disgust me like eunuchs: as for me, I am entire, and I don't care.

But! who made my tongue so perfidious that it has been able until now to guide and protect my laziness? Without using even my body to make a living, and idler than a toad, I have lived everywhere. Not a family in Europe that I don't know — I mean families like mine, who owe everything to the declaration of the Rights of Man — I've known every young man of good family!

*

Si j'avais des antécédents à un point quelconque de l'histoire de France!

Mais non, rien.

Il m'est bien évident que j'ai toujours été race inférieure. Je ne puis comprendre la révolte. Ma race ne se souleva jamais que pour piller: tels les loups à la bête qu'ils n'ont pas tuée.

Je me rappelle l'histoire de la France fille aînée de l'Eglise. J'aurais fait, manant, le voyage de terre sainte; j'ai dans la tête des routes dans les plaines souabes, des vues de Byzance, des remparts de Solyme; le culte de Marie, l'attendrissement sur le crucifié s'éveillent en moi parmi mille féeries profanes. — Je suis assis, lépreux, sur les pots cassés et les orties, au pied d'un mur rongé par le soleil. — Plus tard, reître, j'aurais bivaqué sous les nuits d'Allemagne.

Ah! encore: je danse le sabbat dans une rouge clairière, avec des vieilles et des enfants.

Je ne me souviens pas plus loin que cette terre-ci et le christianisme. Je n'en finirais pas de me revoir dans ce passé. Mais toujours seul; sans famille; même, quelle langue parlais-je? Je ne me vois jamais dans les conseils du Christ; ni dans les conseils des Seigneurs, — représentants du Christ.

Qu'étais-je au siècle dernier: je ne me retrouve qu'aujourd'hui. Plus de vagabonds, plus de guerres vagues. La race inférieure a tout couvert — le peuple, comme on dit, la raison; la nation et la science.

Oh! la science! On a tout repris. Pour le corps et pour l'âme, — le viatique, — on a la médecine et la philosophie, — les remèdes de bonnes femmes et les chansons populaires arrangées. Et les divertissements des princes et les jeux qu'ils interdisaient! Géographie, cosmographie, mécanique, chimie! . . .

If only I had antecedents at some point or other in the history of France!

But no; nothing.

It is perfectly evident to me that I have always belonged to an inferior race. I don't understand rebellion. My race never rebelled except to loot: as hyenas devour an animal they have not killed.

I remember the history of France, eldest daughter of the Church. I would have made, as a villein, the journey to the Holy Land; I have in my head all the roads of the Swabian plains, as well as views of Byzantium, and of the ramparts of Suleiman. The cult of the Virgin Mary, and compassion for the crucified one, awaken in me among a thousand profane enchantments — I sit, stricken with leprosy, on potsherds and nettles at the foot of a wall ravaged by the sun — Later, as a mercenary, I should have bivouacked under the night skies of Germany.

Ah! again: I am dancing the witches' sabbath in a red glade, with old women and children.

I do not remember anything more remote than this country and Christianity. I should never have enough of seeing myself in that past. But always alone; without family; what language, even, did I speak? I never see myself in Christ's counsels; nor in the counsels of the Lords — Christ's representatives.

What was I in the last century? I only find myself today. No more wanderers, no more vague wars. The inferior race has spread everywhere — the people, as they say; reason, nationality, science.

Oh! science! Everything has been revised. For the body and for the soul — the viaticum — we have medicine and philosophy — old wives' remedies and rearrangements of popular songs. As well as the amusements of princes and the games which they forbade! Geography, cosmography, mechanics, chemistry! . . .

La science, la nouvelle noblesse! Le progrès. Le monde marche! Pourquoi ne tournerait-il pas?

C'est la vision des nombres. Nous allons à l'*Esprit*. C'est très-certain, c'est oracle, ce que je dis. Je comprends, et ne sachant m'expliquer sans paroles païennes, je voudrais me taire.

*

Le sang païen revient! L'Esprit est proche, pourquoi Christ ne m'aide-t-il pas, en donnant à mon âme noblesse et liberté. Hélas! l'Évangile a passé! l'Évangile! l'Évangile.

J'attends Dieu avec gourmandise. Je suis de race inférieure de toute éternité.

Me voici sur la plage armoricaine. Que les villes s'allument dans le soir. Ma journée est faite; je quitte l'Europe. L'air marin brûlera mes poumons; les climats perdus me tanneront. Nager, broyer l'herbe, chasser, fumer surtout; boire des liqueurs fortes comme du métal bouillant, — comme faisaient ces chers ancêtres autour des feux.

Je reviendrai, avec des membres de fer, la peau sombre, l'œil furieux: sur mon masque, on me jugera d'une race forte. J'aurai de l'or: je serai oisif et brutal. Les femmes soignent ces féroces infirmes retour des pays chauds. Je serai mêlé aux affaires politiques. Sauvé.

Maintenant je suis maudit, j'ai horreur de la patrie. Le meilleur, c'est un sommeil bien ivre, sur la grève.

*

On ne part pas. — Reprenons les chemins d'ici, chargé de mon vice, le vice qui a poussé ses racines de souffrance à mon côté,

Science, the new aristocracy! Progress. The world is on the march! Why shouldn't it turn, too?

It is the vision of numbers. We are moving toward the *Spirit*. It is absolutely certain, it is the voice of the oracle, what I say. I understand, and, not knowing how to express myself without using pagan words, I prefer to remain silent.

*

Pagan blood returns! The Spirit is near. Why does Christ not help me by giving my soul nobility and freedom? Alas! the Gospel has passed by! the Gospel! the Gospel.

I await God greedily. I have been of inferior race from all eternity.

Here I am on the Breton shore. How the towns light up in the evening. My day is done; I am leaving Europe. The sea air will scorch my lungs; lost climates will tan my skin. I shall swim, trample the grass, hunt, above all smoke; I shall drink liquors as strong as boiling metal — as my dear ancestors did, round their fires.

I shall return with limbs of iron, dark skin, a furious eye: from my mask, I shall be judged as belonging to a mighty race. I shall have gold: I shall be idle and brutal. Women take good care of these ferocious invalids returned from hot countries. I shall be involved in politics. Saved.

At present I am damned, I loathe the fatherland. The best thing of all is a good drunken sleep on the beach.

*

The trip is off. — Let us take to the roads of this country again, full of my vice, the vice which has thrust its roots of suffering into my side, ever since the age of reason — and which grows up into the sky, beats me, knocks me down, drags me along.

9

dès l'âge de raison — qui monte au ciel, me bat, me renverse, me traîne.

La dernière innocence et la dernière timidité. C'est dit. Ne pas porter au monde mes dégoûts et mes trahisons.

Allons! La marche, le fardeau, le désert, l'ennui et la colère.

À qui me louer? Quelle bête faut-il adorer? Quelle sainte image attaque-t-on? Quels cœurs briserai-je? Quel mensonge dois-je tenir? — Dans quel sang marcher?

Plutôt, se garder de la justice. — La vie dure, l'abrutissement simple, — soulever, le poing desséché, le couvercle du cercueil, s'asseoir, s'étouffer. Ainsi point de vieillesse, ni de dangers: la terreur n'est pas française.

— Ah! je suis tellement délaissé que j'offre à n'importe quelle divine image des élans vers la perfection.

Ô mon abnégation, ô ma charité merveilleuse! ici-bas, pourtant!

De profundis Domine, suis-je bête!

*

Encore tout enfant, j'admirais le forçat intraitable sur qui se referme toujours le bagne; je visitais les auberges et les garnis qu'il aurait sacrés par son séjour; je voyais *avec son idée* le ciel bleu et le travail fleuri de la campagne; je flairais sa fatalité dans les villes. Il avait plus de force qu'un saint, plus de bon sens qu'un voyageur — et lui, lui seul! pour témoin de sa gloire et de sa raison.

Sur les routes, par des nuits d'hiver, sans gîte, sans habits, sans pain, une voix étreignait mon cœur gelé: «Faiblesse ou force: te voilà, c'est la force. Tu ne sais ni où tu vas ni pourquoi tu vas, entre partout, réponds à tout. On ne te tuera pas plus que si tu étais cadavre.» Au matin j'avais le regard si perdu et la

The last bit of innocence and the last trace of shyness. I have said it. Not to carry my disgusts and my betrayals through the world.

Forward! The march, the burden, the desert, boredom, anger.

To whom shall I hire myself? What beast must be worshipped? Which holy image attacked? Whose hearts shall I break? What lie must I uphold? — In what blood shall I wade?

Rather, one should guard oneself against justice. — A hard life, pure brutalization — to open, with a withered hand, the lid of the coffin, to sit inside it, to stop one's breath. And so, no old age, and no danger: fear is not a French emotion.

— Ah! I am so forsaken that I could dedicate to any divine image that came along all my urges toward perfection.

O my self-denial, O my marvellous charity! even down here!

De profundis Domine, what a fool I am!

*

When I was still quite a child, I used to admire the stubborn convict on whom the prison gates always close again; I used to visit inns and lodgings which he might have sanctified with his presence; I saw *with his mind* the blue sky and the flourishing labour of the countryside; I sniffed out his fate in the towns. He had more strength than a saint, and more common sense than a traveller — and himself, himself alone! as witness to his glory and his rightness.

On the roads, on winter nights, without shelter, without clothing, without bread, a voice would clutch my frozen heart: 'Weakness or strength: to look at you, it's strength. You know neither where you are going nor why you are going: go everywhere, respond to everything. They won't kill you, any more than if you were a corpse.' In the morning, I would have such a lost look and such a dead face, that the people I met *perhaps*

contenance si morte, que ceux que j'ai rencontrés *ne m'ont peut-être pas vu.*

Dans les villes la boue m'apparaissait soudainement rouge et noire, comme une glace quand la lampe circule dans la chambre voisine, comme un trésor dans la forêt! Bonne chance, criais-je, et je voyais une mer de flammes et de fumée au ciel; et, à gauche, à droite, toutes les richesses flambant comme un milliard de tonnerres.

Mais l'orgie et la comaraderie des femmes m'étaient interdites. Pas même un compagnon. Je me voyais devant une foule exaspérée, en face du peloton d'exécution, pleurant du malheur qu'ils n'aient pu comprendre, et pardonnant! — Comme Jeanne d'Arc! — «Prêtres, professeurs, maîtres, vous vous trompez en me livrant à la justice. Je n'ai jamais été de ce peuple-ci; je n'ai jamais été chrétien; je suis de la race qui chantait dans le supplice; je ne comprends pas les lois; je n'ai pas le sens moral, je suis une brute: vous vous trompez . . .»

Oui, j'ai les yeux fermés à votre lumière. Je suis une bête, un nègre. Mais je puis être sauvé. Vous êtes de faux nègres, vous maniaques, féroces, avares. Marchand, tu es nègre; magistrat, tu es nègre; général, tu es nègre; empereur, vieille démangeaison, tu es nègre: tu as bu d'une liqueur non taxée, de la fabrique de Satan. — Ce peuple est inspiré par la fièvre et le cancer. Infirmes et vieillards sont tellement respectables qu'ils demandent à être bouillis. — Le plus malin est de quitter ce continent, où la folie rôde pour pourvoir d'ôtages ces misérables. J'entre au vrai royaume des enfants de Cham.

Connais-je encore la nature? me connais-je? — *Plus de mots.* J'ensevelis les morts dans mon ventre. Cris, tambour, danse, danse, danse, danse! Je ne vois même pas l'heure où, les blancs débarquant, je tomberai au néant.

Faim, soif, cris, danse, danse, danse, danse!

did not see me at all.

In the towns the mud would suddenly seem to me to be red and black, like a mirror when the lamp is being carried about in the next room, like a treasure in the forest! Good luck, I would cry, and I would see in the sky a sea of smoke and flame; and to right and left of me all riches flaming like a thousand million lightnings.

But orgy and the comradeship of women were forbidden me. Not even a companion. I could see myself in front of an angry crowd, facing the firing-squad, weeping with the unhappiness which they would not have been able to understand, and forgiving them! — Like Joan of Arc! — 'Priests, doctors, masters, you are mistaken in handing me over to justice. I have never belonged to this people; I have never been a Christian; I belong to the race which used to sing under torture; I do not understand the laws; I have no moral sense, I am an animal: you are making a mistake . . .'

Yes, my eyes are closed to your light. I am an animal, a negro. But I am capable of being saved. You, maniacs, wild beasts, misers, are negroes in disguise. Merchant, you're a negro; magistrate, you're a negro; general, you're a negro; emperor, you old scabby itch, you're a negro: you have drunk untaxed liquor, Satan's moonshine — This people is inspired by fever and cancer. Invalids and old people are so respectable that they *ask* to be boiled — The cunningest thing to do is to leave this continent, where madness prowls searching for hostages for these wretches. I am going into the real kingdom of the children of Ham.

Do I know nature yet? do I know myself? — *No more words.* I bury the dead in my belly. Shouts, drums, dance, dance, dance, dance! I cannot even see the time when the whites will land and I shall collapse into nothing.

Les blancs débarquent. Le canon! Il faut se soumettre au baptême, s'habiller, travailler.

J'ai reçu au cœur le coup de grâce. Ah! je ne l'avais pas prévu!

Je n'ai point fait le mal. Les jours vont m'être légers, le repentir me sera épargné. Je n'aurai pas eu les tourments de l'âme presque morte au bien, où remonte la lumière sévère comme les cierges funéraires. Le sort du fils de famille, cercueil prématuré couvert de limpides larmes. Sans doute la débauche est bête, le vice est bête; il faut jeter la pourriture à l'écart. Mais l'horloge ne sera pas arrivée à ne plus sonner que l'heure de la pure douleur! Vais-je être enlevé comme un enfant, pour jouer au paradis dans l'oubli le tout le malheur!

Vite! est-il d'autres vies? — Le sommeil dans la richesse est impossible. La richesse a toujours été bien public. L'amour divin seul octroie les clefs de la science. Je vois que la nature n'est qu'un spectacle de bonté. Adieu chimères, idéals, erreurs.

Le chant raisonnable des anges s'élève du navire sauveur: c'est l'amour divin. — Deux amours! je puis mourir de l'amour terrestre, mourir de dévouement. J'ai laissé des âmes dont la peine s'accroîtra de mon départ! Vous me choisissez parmi les naufragés; ceux qui restent sont-ils pas mes amis?

Sauvez-les!

La raison m'est née. Le monde est bon. Je bénirai la vie. J'aimerai mes frères. Ce ne sont plus des promesses d'enfance. Ni l'espoir d'échapper à la vieillesse et à la mort. Dieu fait ma force, et je loue Dieu.

*

Hunger, thirst, shouts, dance, dance, dance, dance!

*

The whites are landing. The cannon! We shall have to submit to baptism, put on clothes and work.

I have received in my heart the stroke of mercy. Ah! I had not foreseen it!

I have done no evil. I shall have easy days, repentance will be spared me. I shall not have had the torments of the soul that is almost dead to goodness, in which the light rises severe as funeral tapers. The fate of the son of good family, a premature coffin sprinkled with limpid tears. Without a doubt, debauchery is stupid, vice is stupid, all rottenness must be thrown out. But the clock has not yet begun to strike *only* the hour of pure sorrow! Shall I be carried off like a child, to play in paradise, forgetful of all unhappiness?

Quick! are there other lives? — Slumber in wealth is impossible. Wealth has always been so public. Only divine love bestows the keys of knowledge. I see that nature is only a display of kindness. Farewell chimeras, ideals, errors.

The reasoned song of the angels rises from the rescue ship: it is divine love — Two loves! I can die of earthly love or die of devotion. I have left souls whose pain will grow because of my departure! You have chosen me from among the shipwrecked; are those who are left behind not my friends?

Save them!

Reason is born in me. The world is good. I will bless life. I will love my brothers. These are no longer childhood vows. Nor are they the hope of escaping old age and death. God is my strength, and I praise God.

*

L'ennui n'est plus mon amour. Les rages, les débauches, la folie, dont je sais tous les élans et les désastres, — tout mon fardeau est déposé. Apprécions sans vertige l'étendue de mon innocence.

Je ne serais plus capable de demander le réconfort d'une bastonnade. Je ne me crois pas embarqué pour une noce avec Jésus-Christ pour beau-père.

Je ne suis pas prisonnier de ma raison. J'ai dit: Dieu. Je veux la liberté dans le salut: comment la poursuivre? Les goûts frivoles m'ont quitté. Plus besoin de dévouement ni d'amour divin. Je ne regrette pas le siècle des cœurs sensibles. Chacun a sa raison, mépris et charité: je retiens ma place au sommet de cette angélique échelle de bon sens.

Quant au bonheur établi, domestique ou non . . . non, je ne peux pas. Je suis trop dissipé, trop faible. La vie fleurit par le travail, vieille vérité: moi, ma vie n'est pas assez pesante, elle s'envole et flotte loin au-dessus de l'action, ce cher point du monde.

Comme je deviens vieille fille, à manquer du courage d'aimer la mort!

Si Dieu m'accordait le calme céleste, aérien, la prière, — comme les anciens saints. — les saints! des forts! les anachorètes, des artistes comme il n'en faut plus!

Farce continuelle! Mon innocence me ferait pleurer. La vie est la farce à mener par tous.

*

Assez! Voici la punition. — *En marche!*

Ah! les poumons brûlent, les tempes grondent! la nuit roule dans mes yeux, par ce soleil! le cœur . . . les membres . . .

Où va-t-on? au combat? Je suis faible! les autres avancent. Les outils, les armes . . . le temps! . . .

I am no longer in love with boredom. Frenzies, debaucheries, madness, whose joys and disasters I know — my whole burden is laid down. Let us contemplate without vertigo the extent of my innocence.

I should no longer be capable of asking for the comfort of a bastinado. I do not think that I have embarked for a wedding celebration with Jesus Christ for a father-in-law.

I am not a prisoner of my reason. I have said: God. I desire freedom in salvation: how is it to be pursued? Frivolous tastes have left me. No more need for self-sacrifice, nor for divine love. I do not look back with longing to the age of sensitive hearts. Contempt and charity — each has its own rightness: I keep my place at the top of this angelic ladder of good sense.

As for established happiness, domestic or not . . . no, I cannot. I am too dissipated, too weak. Life flowers in work, is an old truth: but my own life is not substantial enough, it flies away and drifts far above action, that focal point so dear to the world.

What an old maid I am becoming, to lack the courage to love death!

If God would grant me celestial, aerial calm, and prayer, — like the old saints — the saints! strong men! the anchorites, artists whose like is no longer needed!

A continual farce! My innocence would make me weep. Life is the farce which everyone has to perform.

*

Enough! Here is the punishment — *March!*

Ah! my lungs are burning, my temples are throbbing! night revolves in my eyes, under this sun! my heart . . . my limbs . . .

Where are we going? to battle? I am so weak! the others are advancing. Equipment, weapons . . . the weather! . . .

Feu! feu sur moi! Là! ou je me rends. — Lâches! — Je me tue!
Je me jette aux pieds des chevaux!

Ah! . . .

— Je m'y habituerai.

Ce serait la vie française, le sentier de l'honneur!

Nuit de L'enfer

J'ai avalé une fameuse gorgée de poison. — Trois fois béni soit
le conseil qui m'est arrivé! — Les entrailles me brûlent. La vio-
lence du venin tord mes membres, me rend difforme, me ter-
rasse. Je meurs de soif, j'étouffe, je ne puis crier. C'est l'enfer,
l'éternelle peine! Voyez comme le feu se relève! Je brûle comme
il faut. Va, démon!

J'avais entrevu la conversion au bien at au bonheur, le salut.
Puis-je décrire la vision, l'air de l'enfer ne souffre pas les
hymnes! C'était des millions de créatures charmantes, un suave
concert spirituel, la force et la paix, les nobles ambitions, que
sais-je?

Les nobles ambitions!

Et c'est encore la vie! — Si la damnation est éternelle! Un
homme qui veut se mutiler est bien damné, n'est-ce pas? Je me
crois en enfer, donc j'y suis. C'est l'exécution de catéchisme. Je
suis esclave de mon baptême. Parents, vous avez fait mon mal-
heur et vous avez fait le vôtre. Pauvre innocent! — L'enfer ne
peut attaquer les païens. — C'est la vie encore! Plus tard, les
délices de la damnation seront plus profondes. Un crime, vite,
que je tombe au néant, de par la loi humaine.

Tais-toi, mais tais-toi! . . . C'est la honte, le reproche, ici: Sa-

Fire! fire at me! Here! or I'll give myself up — Cowards! — I shall kill myself! I'll throw myself under the horses' feet! Ah! . . .

— I shall get used to it.

That would be the French way to live, the path of honour!

Night in Hell

I have swallowed a marvellous gulp of poison — Thrice blessed be the idea which came to me! — My entrails are burning. The violence of the poison racks my limbs, twists me out of shape, throws me to the ground. I am dying of thirst, I am choking, I cannot cry out. This is hell, the everlasting torment! Look, how the fire rises higher! I am burning properly now. There then, demon!

I had just glimpsed a conversion to goodness and happiness, salvation. Let me describe the vision; the air of hell allows no hymns! It was of millions of enchanting creatures, a suave spiritual harmony, strength and peace, noble ambitions, I don't know what.

Noble ambitions!

And this is still life! — What if damnation is eternal! A man who wants to mutilate himself is truly damned, isn't he? I believe that I am in hell, therefore I am there. It is the ratification of the catechism. I am the slave of my baptism. Parents, you have caused my misfortune, and you have caused your own. Poor innocent! — Hell cannot touch pagans — I am still alive! Later on, the delights of damnation will deepen. A crime, quickly, so that I may fall into the void, in the name of human law.

Be quiet, be quiet then! . . . Here is shame, and reproach: Sa-

tan qui dit que le feu est ignoble, que ma colère est affreusement sotte. — Assez! ... Des erreurs qu'on me souffle, magies, parfums faux, musiques puériles. — Et dire que je tiens la vérité, que je vois la justice: j'ai un jugement sain et arrêté, je suis prêt pour la perfection ... Orgueil. — La peau de ma tête se dessèche. Pitié! Seigneur, j'ai peur. J'ai soif, si soif! Ah! l'enfance, l'herbe, la pluie, le lac sur les pierres, *le clair de lune quand le clocher sonnait douze* ... le diable est au clocher, à cette heure. Marie! Saint Vierge! ... — Horreur de ma bêtise.

Là-bas, ne sont-ce pas des âmes honnêtes, qui me veulent du bien? ... Venez ... J'ai un oreiller sur la bouche, elles ne m'entendent pas, ce sont des fantômes. Puis, jamais personne ne pense à autrui. Qu'on n'approche pas. Je sens le roussi, c'est certain.

Les hallucinations sont innombrables. C'est bien ce que j'ai toujours eu: plus de foi en l'histoire, l'oubli des principes. Je m'en tairai: poëtes et visionnaires seraient jaloux. Je suis mille fois le plus riche, soyons avare comme la mer.

Ah çà! l'horloge de la vie s'est arrêtée tout à l'heure. Je ne suis plus au monde. — La théologie est sérieuse, l'enfer est certainement *en bas* — et le ciel en haut. — Extase, cauchemar, sommeil dans un nid de flammes.

Que de malices dans l'attention dans la campagne ... Satan, Ferdinand, court avec les graines sauvages ... Jésus marche sur les ronces purpurines, sans les courber ... Jésus marchait sur les eaux irritées. La lanterne nous le montra debout, blanc et des tresses brunes, au flanc d'une vague d'émeraude ...

Je vais dévoiler tous les mystères: mystères religieux ou naturels, mort, naissance, avenir, passé, cosmogonie, néant. Je suis maître en fantasmagories.

Écoutez! ...

tan himself says that the fire is ignoble, that my anger is fearfully stupid — Enough! ... of the errors whispered to me, of magic, false perfumes, puerile music — And to think that I grasp the truth, that I witness justice: my judgement is sane and sound, I am ready for perfection ... Pride — The skin of my head is drying up. Pity! Lord, I am afraid. I am thirsty, so thirsty! Ah! childhood, the grass, the rain, the lake over the stones, *the moonlight as the church clock was striking twelve* ... the devil is in the belfry, at this time. Mary! Holy Virgin! ... — O the horror of my stupidity.

Over there, are they not honest souls, who wish me well? ... Come ... There is a pillow over my mouth, they cannot hear me, they are ghosts. Besides, no one ever thinks of others. Let no one come near. I smell of scorching, that's certain.

The hallucinations are innumerable. That's what has always been the matter with me, in fact: no belief in history, obliviousness of principles. I shall say no more about this: poets and visionaries would be jealous. I am a thousand times the richest; let's be as miserly as the sea.

Will you look at that! the clock of life has just stopped. I am no longer in the world — Theology is no joke; hell is certainly *down below* — and heaven above — Ectasy, nightmare, sleep in a nest of flames.

What tricks during this waiting in the countryside ... Satan, Ferdinand, runs rife with the wild seeds ... Jesus walks on the purplish brambles, without bending them ... Jesus used to walk on the troubled waters. The lantern showed him to us standing, pale, with brown tresses, on the flank of a wave of emerald ...

I shall now unveil all the mysteries: mysteries religious or natural, death, birth, future, past, cosmogony, void. I am a master of phantasmagoria.

Listen! ...

J'ai tous les talents! — Il n'y a personne ici et il y a quelqu'un: je ne voudrais pas répandre mon trésor. — Veut-on des chants nègres, des danses de houris? Veut-on que je disparaisse, que je plonge à la recherche de l'*anneau*? Veut-on? Je ferai de l'or, des remèdes.

Fiez-vous donc à moi, la foi soulage, guide, guérit. Tous, venez, — même les petits enfants, — que je vous console, qu'on répande pour vous son cœur, — le cœur merveilleux! — Pauvres hommes, travailleurs! Je ne demande pas de prières; avec votre confiance seulement, je serai heureux.

— Et pensons à moi. Ceci me fait peu regretter le monde. J'ai de la chance de ne pas souffrir plus. Ma vie ne fut que folies douces, c'est regrettable.

Bah! faisons toutes les grimaces imaginables.

Décidément, nous sommes hors du monde. Plus aucun son. Mon tact a disparu. Ah! mon château, ma Saxe, mon bois de saules. Les soirs, les matins, les nuits, les jours . . . Suis-je las!

Je devrais avoir mon enfer pour la colère, mon enfer pour l'orgueil, — et l'enfer de la caresse; un concert d'enfers.

Je meurs de lassitude. C'est le tombeau, je m'en vais aux vers, horreur de l'horreur! Satan, farceur, tu veux me dissoudre, avec tes charmes. Je réclame. Je réclame! un coup de fourche, une goutte de feu.

Ah! remonter à la vie! Jeter les yeux sur nos difformités. Et ce poison, ce baiser mille fois maudit! Ma faiblesse, la cruauté du monde! Mon Dieu, pitié, cachez-moi, je me tiens trop mal! — Je suis caché et je ne le suis pas.

C'est le feu qui se relève avec son damné.

I possess all the talents! — There is no one here, and there is someone: I do not wish to spill my treasure — Shall it be negro songs, houri dances? Shall I disappear, shall I dive in search of the *ring*? Shall I? I shall manufacture gold, cures.

Have faith in me, then; faith soothes, guides, cures. Come, all of you — even the little children — let me console you, let a heart go out to you — the marvellous heart! — Poor men, workers! I do not ask for prayers; with your trust alone, I shall be happy.

— And let us consider myself. This makes me regret very little having left the world. I am lucky not to suffer more. My life was nothing but sweet follies, it's a great pity.

Pooh! let us make every possible grimace.

Decidedly, we have left the world behind. Not a single sound, any more. My sense of touch has disappeared. Ah! my castle, my Saxony, my willow wood. Evenings, mornings, nights, days ... How tired I am!

I ought to have a hell for my anger, a hell for my pride — and a hell for caresses; a whole concert of hells.

I am dying of lassitude. This is the tomb, I am going to the worms, horror of horrors! Satan, cheat, you intend to destroy me with your enchantments. I appeal. I appeal! for one prick of the fork, one drop of fire.

Ah! to rise again to life! To set eyes upon our deformities. And that poison, that kiss a thousand times damned! My weakness, the world's cruelty! My God, have pity, hide me, I cannot defend myself! — I am hidden and I am not hidden.

The flame rises again with its damned soul.

Délires I

Écoutons la confession d'un compagnon d'enfer:

«Ô divin Époux, mon Seigneur, ne refusez pas la confession de la plus triste de vos servantes. Je suis perdue. Je suis soûle. Je suis impure. Quelle vie!

«Pardon, divin Seigneur, pardon! Ah! pardon! Que de larmes! Et que de larmes encore plus tard, j'espère!

«Plus tard, je connaîtrai le divin Époux! Je suis née soumise à Lui. — L'autre peut me battre maintenant!

«À présent, je suis au fond du monde! Ô mes amies! . . . non, pas mes amies . . . Jamais délires ni tortures semblables . . . Est-ce bête!

«Ah! je souffre, je crie. Je souffre vraiment. Tout pourtant m'est permis, chargée du mépris des plus méprisables cœurs.

«Enfin, faisons cette confidence, quitte à la répéter vingt autres fois, — aussi morne, aussi insignifiante!

«Je suis esclave de l'Époux infernal, celui qui a perdu les vierges folles. C'est bien ce démon-là. Ce n'est pas un spectre, ce n'est pas un fantôme. Mais moi qui ai perdu la sagesse, qui suis damnée et morte au monde, — on ne me tuera pas! — Comment vous le décrire! Je ne sais même plus parler. Je suis en deuil, je pleure, j'ai peur. Un peu de fraîcheur, Seigneur, si vous voulez, si vous voulez bien!

«Je suis veuve . . . — J'étais veuve . . . — mais oui, j'ai été bien sérieuse jadis, et je ne suis pas née pour devenir squelette! . . . — Lui était presque un enfant . . . Ses délicatesses mystérieuses m'avaient séduite. J'ai oublié tout mon devoir humain pour le suivre. Quelle vie! La vraie vie est absente. Nous

Ravings I

Let us hear the confession of a companion in hell:

'O divine Bridegroom, my Lord, do not refuse the confession of the most unhappy of your handmaidens. I am lost. I am drunk. I am impure. What a life!

'Forgiveness, divine Lord, forgiveness! Ah! forgiveness! How many tears! And how many more tears later on, I hope!

'Later, I shall come to know the divine Bridegroom! I was born His slave — The other one can beat me up for the time being!

'But now I am at the bottom of the world! O my friends! ... no, not my friends ... Never were such ravings or torments ... How silly it is!

'Ah! I am suffering, I am crying out. I suffer in earnest. And yet everything is permitted to me, who am weighed down with the contempt of the most contemptible hearts.

'Well then, let us confide this thing, though we repeat it twenty times more — just as dreary, just as insignificant!

'I am the slave of the infernal Bridegroom, he who ruined the foolish virgins. It is certainly that same demon. It is no ghost, and no phantom. But I who have lost my virtue, who am damned and dead to the world, — they won't kill me! — How can I describe him to you! I cannot even speak any more. I am in mourning, I am weeping, I am frightened. A little coolness, Lord, if you please, if you graciously please!

'I am a widow ... — I was a widow ... — oh yes, I was very respectable once, and I was not born to become a skeleton! ... — He was almost a child ... His mysterious tendernesses seduced me. I forgot all my duties as a human being in order to

25

ne sommes pas au monde. Je vais où il va, il le faut. Et souvent il s'emporte contre moi, *moi, la pauvre âme*. Le Démon! — C'est un Démon, vous savez, *ce n'est pas un homme.*

«Il dit: «Je n'aime pas les femmes. L'amour est à réinventer, on le sait. Elles ne peuvent plus que vouloir une position assurée. La position gagnée, cœur et beauté sont mis de côté: il ne reste que froid dédain, l'aliment du mariage, aujourd'hui. Ou bien je vois des femmes, avec les signes du bonheur, dont, moi, j'aurai pu faire de bonnes camarades, dévorées tout d'abord par des brutes sensibles comme des bûchers ...»

«Je l'écoute faisant de l'infamie une gloire, de la cruauté un charme. «Je suis de race lointaine: mes pères étaient Scandinaves: ils se perçaient les côtes, buvaient leur sang. — Je me ferai des entailles par tout le corps, je me tatouerai, je veux devenir hideux comme un Mongol: tu verras, je hurlerai dans les rues. Je veux devenir bien fou de rage. Ne me montre jamais de bijoux, je ramperais et me tordrais sur le tapis. Ma richesse, je la voudrais tachée de sang partout. Jamais je ne travaillerai ...» Plusieurs nuits, son démon me saisissant, nous nous roulions, je luttais avec lui! — Les nuits, souvent, ivre, il se poste dans des rues ou dans des maisons, pour m'épouvanter mortellement. — «On me coupera vraiment le cou; ce sera «dégoûtant.» Oh! ces jours où il veut marcher avec l'air du crime!

«Parfois il parle, en une façon de patois attendri, de la mort qui fait repentir, des malheureux qui existent certainement, des travaux pénibles, des départs qui déchirent les cœurs. Dans les bouges où nous nous enivrions, il pleurait en considérant ceux qui nous entouraient, bétail de la misère. Il relevait les ivrognes dans les rues noires. Il avait la pitié d'une mère méchante pour les petits enfants. — Il s'en allait avec des gentillesses de petite fille au catéchisme. — Il feignait d'être éclairé sur tout, commerce, art, médecine. — Je le suivais, il le faut!

follow him. What a life! True life is elsewhere. We are not in the world. I go where he goes, I have to. And often he flies into a rage with me — *me, poor soul*. The Demon! — He *is* a Demon, you know: *he is not a man*.

'He says: "I don't like women. Love will have to be invented all over again, that's for certain. All *they* can do is hanker after security. And once they have obtained it, their hearts and their beauty are withdrawn: nothing remains but cold disdain, that's what marriage feeds on nowadays. Or else I see women who bear the signs of happiness, and whom *I* could have turned into good comrades, devoured from the start by brutes who are about as sensitive as piles of faggots . . ."

'I listen to him glorying in infamy, and turning his cruelty into his charm. "I belong to a far-off race: my forefathers were Scandinavian: they pierced their sides and drank their own blood — I am going to make gashes all over my body, I am going to tattoo myself, I want to become as hideous as a Mongol: you'll see, I shall yell in the streets. I want to become quite mad with rage. Never show me jewels, I should crawl and writhe on the carpet. I should like my treasure to be all spotted with blood. I shall never work . . ." On several nights his demon seized me and we rolled about together, I wrestled with him! — Often, at night, when he's drunk, he lies in wait in the streets or in houses, in order to frighten me to death — "They really will cut my throat; it'll be 'disgusting'." Oh! those days when he insists on walking about with an air of crime!

'Sometimes he speaks, in a kind of tender dialect, about death which brings repentance, about the unfortunate people there must be in the world, about painful toil, and partings which rend hearts. In the hovels where we used to get drunk, he would weep to see the people who surrounded us, cattle of poverty. He

27

«Je voyais tout le décor dont, en esprit, il s'entourait: vêtements, draps, meubles; je lui prêtais des armes, une autre figure. Je voyais tout ce qui le touchait, comme il aurait voulu le créer pour lui. Quand il me semblait avoir l'esprit inerte, je le suivais, moi, dans des actions étranges et compliquées, loin, bonnes ou mauvaises: j'étais sûre de ne jamais entrer dans son monde. À côté de son cher corps endormi, que d'heures des nuits j'ai veillé, cherchant pourquoi il voulait tant s'évader de la réalité. Jamais homme n'eut pareil vœu. Je reconnaissais, — sans craindre pour lui, — qu'il pouvait être un sérieux danger dans la société. — Il a peut-être des secrets pour *changer la vie*? Non, il ne fait qu'en chercher, me répliquais-je. Enfin sa charité est ensorcelée, et j'en suis la prisonnière. Aucune autre âme n'aurait assez de force, — force de désespoir! — pour la supporter, — pour être protégée et aimée par lui. D'ailleurs, je ne me le figurais pas avec une autre âme: on voit son Ange, jamais l'Ange d'un autre, — je crois. J'étais dans son âme comme dans un palais qu'on a vidé pour ne pas voir une personne si peu noble que vous: voilà tout. Hélas! je dépendais bien de lui. Mais que voulait-il avec mon existence terne et lâche? Il ne me rendait pas meilleure, s'il ne me faisait pas mourir! Tristement dépitée, je lui dis quelquefois: «Je te comprends.» Il haussait les épaules.

«Ainsi, mon chagrin se renouvelant sans cesse, et me trouvant plus égarée à mes yeux, — comme à tous les yeux qui auraient voulu me fixer, si je n'eusse été condamnée pour jamais à l'oubli de tous! — j'avais de plus en plus faim de sa bonté. Avec ses baisers et ses étreintes amies, c'était bien un ciel, un sombre ciel, où j'entrais, et où j'aurais voulu être laissée, pauvre, sourde, muette, aveugle. Déjà j'en prenais l'habitude. Je nous voyais comme deux bons enfants, libres de se promener dans le Paradis de tristesse. Nous nous accordions. Bien émus, nous travaillions ensemble. Mais, après une pénétrante caresse, il disait:

would help up drunkards in dark streets. He had the pity of a wicked mother for little children — He would go about with the pretty airs of a little girl on her way to catechism — He pretended to be an expert on everything, business, art, medicine — I followed him, I have to!

'I could see the whole setting with which he surrounded himself in his imagination: clothes, materials, furniture; I lent him insignia, another face. I saw everything which touched him as he would have wished to create it for himself. When he seemed listless, I would follow him, myself, in strange and complicated actions, a long way, whether it was good or evil: I was sure I should never enter his world. Beside his dear sleeping body, how many hours I have sat up at night, trying to discover why he wished so hard to escape from reality. No man ever had a wish like it. I realized — without fearing on his account — that he might be a serious danger to society. — Perhaps he possesses secrets for *transforming life*? No, he is only looking for them, I would answer myself. Then his charity is bewitched, and I am its prisoner. No other soul would have had the strength — strength of despair! — to bear it — to be protected and loved by him. Besides, I never imagined it happening with another soul: one sees one's own Angel, never someone else's Angel — I think. I was, in his soul, like someone in a palace which has been emptied so that no one so base as yourself shall be seen: that's all. Alas! I depended on him sorely. But what did he want with my dull and cowardly existence? He was making me no better, although he was not killing me! Sadly upset, I said to him sometimes: "I understand you." He would shrug his shoulders.

'Thus, as my grief was continually renewed, and I saw myself even more bewildered — as others would have seen me who had wished to stare at me, had I not been condemned to be forgotten forever by everyone! — I became hungrier and hungrier for

«Comme ça te paraîtra drôle, quand je n'y serai plus, ce par quoi tu as passé. Quand tu n'auras plus mes bras sous ton cou, ni mon cœur pour t'y reposer, ni cette bouche sur tes yeux. Parce qu'il faudra que je m'en aille, très loin, un jour. Puis il faut que j'en aide d'autres: c'est mon devoir. Quoique ce ne soit guère ragoûtant ..., chère âme ...» Tout de suite je me pressentais, lui parti, en proie au vertige, précipitée dans l'ombre la plus affreuse: la mort. Je lui faisais promettre qu'il ne me lâcherait pas. Il l'a faite vingt fois, cette promesse d'amant. C'était aussi frivole que moi lui disant: «Je te comprends.»

«Ah! je n'ai jamais été jalouse de lui. Il ne me quittera pas, je crois. Que devenir? Il n'a pas une connaissance; il ne travaillera jamais. Il veut vivre somnambule. Seules, sa bonté et sa charité lui donneraient-elles droit dans le monde réel? Par instants, j'oublie la pitié où je suis tombée: lui me rendra forte, nous voyagerons, nous chasserons dans les déserts, nous dormirons sur les pavés des villes inconnues, sans soins, sans peines. Ou je me réveillerai, et les lois et les mœurs auront changé, — grâce à son pouvoir magique, — le monde, en restant le même, me laissera à mes désirs, joies, nonchalances. Oh! la vie d'aventures qui existe dans les livres des enfants, pour me récompenser, j'ai tant souffert, me la donneras-tu? Il ne peut pas. J'ignore son idéal. Il m'a dit avoir des regrets, des espoirs: cela ne doit pas me regarder. Parle-t-il à Dieu? Peut-être devrais-je m'adresser à Dieu. Je suis au plus profond de l'abîme, et je ne sais plus prier.

«S'il m'expliquait ses tristesses, les comprendrais-je plus que ses railleries? Il m'attaque, il passe des heures à me faire honte de tout ce qui m'a pu toucher au monde, et s'indigne si je pleure.

«— Tu vois cet élégant jeune homme, entrant dans la belle et calme maison: il s'appelle Duval, Dufour, Armand, Maurice, que sais-je? Une femme s'est dévouée à aimer ce méchant idiot: elle

his kindness. With his kisses and loving embraces, it was truly a heaven, a dark heaven, into which I came, and where I would gladly have been left, poor, deaf, dumb, blind. I was already getting into the habit of it. I saw us as two good children, free to wander in the Paradise of sorrow. We were suited to each other. Deeply moved, we toiled together. But, after a piercing caress, he would say: "How strange it will seem to you, when I am no longer here, all this you have been through. When you no longer have my arms under your neck, nor my heart to rest on, nor this mouth on your eyes. Because I shall have to go away, very far away, one day. And then I must help others: it is my duty. Though I shall hardly enjoy it . . . dear soul . . ." At once I could see myself, after he had gone, in the grip of vertigo, hurled into the most frightful darkness: death. I made him promise not to leave me. He gave it twenty times, this lover's promise. It was as meaningless as my saying to him: "I understand you."

'Ah! I have never been jealous of him. He won't leave me. I don't think so. What would he do? He knows no one; he will never work. He wants to live as a sleepwalker. Would his goodness and kindness alone give him any rights in the world of reality? Sometimes I forget the pitiful condition into which I have fallen: he will make me strong, we shall travel, we shall hunt in the deserts, we shall sleep on the stones of unknown towns, without cares, without troubles. Or I shall wake up, and laws and customs will have changed — thanks to his magic powers — the world, remaining the same, will leave me to my desires, my joys, and my carelessness. Oh! a life of adventures like they have in children's books, to make up for everything, I have suffered so much, will you give it me? *He* cannot. I don't know what his ideal is. He told me he had regrets, hopes: but they can't be about me. Does he speak to God? Perhaps I ought to appeal to God. I am at the bottom of the abyss, and I no longer

est morte, c'est certes une sainte au ciel, à présent. Tu me feras mourir comme il a fait mourir cette femme. C'est notre sort, à nous, cœurs charitables . . .» Hélas! il avait des jours où tous les hommes agissant lui paraissaient les jouets de délires grotesques; il riait affreusement, longtemps. — Puis, il reprenait ses manières de jeune mère, de sœur aimée. S'il était moins sauvage, nous serions sauvés! Mais sa douceur aussi est mortelle. Je lui suis soumise. — Ah! je suis folle!

«Un jour peut-être il disparaîtra merveilleusement; mais il faut que je sache, s'il doit remonter à un ciel, que je voie un peu l'assomption de mon petit ami!»

Drôle de ménage!

Délires II

ALCHIMIE DU VERBE

À moi. L'histoire d'une de mes folies.

Depuis longtemps je me vantais de posséder tous les paysages possibles, et trouvais dérisoires les célébrités de la peinture et de la poésie moderne.

J'aimais les peintures idiotes, dessus de portes, décors, toiles de saltimbanques, enseignes, enluminures populaires; la littérature démodée, latin d'église, livres érotiques sans orthographe, romans de nos aïeules, contes de fées, petits livres de l'enfance, opéras vieux, refrains niais, rhythmes naïfs.

Je rêvais croisades, voyages de découvertes dont on n'a pas de relations, républiques sans histoires, guerres de religion étouffées, révolutions de mœurs, déplacements de races et de continents: je croyais à tous les enchantements.

know how to pray.

'If he explained his sadnesses to me, would I understand them any better than I do his teasing? He attacks me, he spends hours making me feel ashamed of everything in the world that has ever had power to touch me, and becomes indignant if I weep.

' "You see that elegant young man going into that fine, peaceful house: his name is Duval, Dufour, Armand, Maurice, or something. A woman dedicated herself to loving this spiteful fool: she is dead, she is certainly a saint in heaven, now. You will kill me as he killed that woman. That is the fate of us charitable hearts . . ." Alas! he had days when all men in their activities seemed to him the playthings of grotesque deliriums; he would laugh horribly, for a long time — Then he would resume his manner of a young mother, of a beloved sister. If only he were less wild, we should be saved! But his sweetness, too, is deadly. I am in his power — Ah! I am mad!

'Perhaps one day he will magically disappear; but I must know, if he is to go to some heaven, so that I may catch a glimpse of my little friend's assumption!'

A queer couple!

Ravings II

ALCHEMY OF THE WORD

My turn. The history of one of my follies.

For a long time I boasted of possessing all possible landscapes, and I found the prestige accorded to modern painting and poetry ridiculous.

I loved absurd pictures, fanlights, stage scenery, backcloths for mummers' plays, inn-signs, cheap coloured prints; I loved unfashionable literature, church Latin, ill-spelt pornography, nov-

J'inventai la couleur des voyelles! — *A* noir, *E* blanc, *I* route,
O bleu, *U* vert. — Je réglai la forme et le mouvement de chaque
consonne, et, avec des rhythmes instinctifs, je me flattai
d'inventer un verbe poétique accessible, un jour ou l'autre, à
tous les sens. Je réservais la traduction.

Ce fut d'abord une étude. J'écrivais des silences, des nuits, je
notais l'inexprimable. Je fixais des vertiges.

*

Loin des oiseaux, des troupeaux, des villageoises,
Que buvais-je, à genoux dans cette bruyère
Entourée de tendres bois de noisetiers,
Dans un brouillard d'après-midi tiède et vert?

Que pouvais-je boire dans cette jeune Oise,
— Ormeaux sans voix, gazon sans fleurs, ciel couvert! —
Boire à ces gourdes jaunes, loin de ma case
Chérie? Quelque liqueur d'or qui fait suer.

Je faisais une louche enseigne d'auberge.
— Un orage vint chasser le ciel. Au soir
L'eau des bois se perdait sur les sables vierges,
Le vent de Dieu jetait des glaçons aux mares;

Pleurant, je voyais de l'or — et ne pus boire.

*

À quatre heures du matin, l'été,
Le sommeil d'amour dure encore.
Sous les bocages s'évapore
L'odeur du soir fêté.

els for old ladies, fairy stories, little books for children, old operas, empty refrains, simple rhythms.

I dreamed of crusades, of voyages of discovery never recorded, of republics without histories, suppressed religious wars, revolutions in manners, movements of races and of continents: I believed in all enchantments.

I invented the colours of the vowels! — *A* black, *E* white, *I* red, *O* blue, *U* green — I made rules for the form and movement of each consonant, and, with instinctive rhythms, I flattered myself that I had created a poetic language which would one day be accessible to all the senses. I reserved translation rights.

At first this was an academic study. I wrote about silences and nights, I expressed the inexpressible. I defined vertigoes.

*

Far away from birds and herds and village girls, what was I drinking, on my knees in that heather surrounded by soft hazel copses in a warm green afternoon mist?

What could I be drinking in that young Oise — voiceless elms, flowerless turf, overcast sky! — drinking from those yellow gourds, far from my beloved cabin? Some golden liquor which causes sweating.

I made a cross-eyed inn-sign — A storm came and chased the sky away. In the evening the water in the woods trickled away into virgin sands, the wind of God threw sheets of ice across the ponds;

Weeping, I saw gold — and could not drink.

*

At four o'clock on a summer morning, the sleep of love still lasts. Under the spinneys evaporate scents of the festive night.

35

Là-bas, dans leur vaste chantier
Au soleil des Hespérides,
Déjà s'agitent — en bras de chemise —
        Les Charpentiers.

Dans leurs Déserts de mousse, tranquilles,
Ils préparent les lambris précieux
            Où la ville
        Peindra de faux cieux.

Ô, pour ces Ouvriers, charmants
Sujets d'un roi de Babylone,
Vénus! quitte un instant les Amants
        Dont l'âme est en couronne.

        Ô Reine de Bergers,
    Porte aux travailleurs l'eau-de-vie,
    Que leurs forces soient en paix
En attendant le bain dans la mer à midi.

*

La vieillerie poétique avait une bonne part dans mon alchimie du verbe.

Je m'habituai à l'hallucination simple: je voyais très franchement une mosquée à la place d'une usine, une école de tambours faite par des anges, des calèches sur les routes du ciel, un salon au fond d'un lac; les monstres, les mystères; un titre de vaudeville dressait des épouvantes devant moi.

Puis j'expliquai mes sophismes magiques avec l'hallucination des mots!

Je finis par trouver sacré le désordre de mon esprit. J'étais oisif, en proie à une lourde fièvre: j'enviais la félicité des bêtes,

Down there, in their huge workshop in the Hesperidean sun, already stir — in shirtsleeves — the Carpenters.

In their Wilderness of foam, peacefully, they prepare costly canopies, on which the town will paint false skies.

O, for these Workmen, charming subjects of a king of Babylon, Venus! leave for a moment the lovers, whose souls are wearing crowns.

O Queen of the Shepherds, bring strong liquor to the workers, so that their strength may be calmed until the sea-bathe at noon.

*

Poetical archaism played an important part in my alchemy of the word.

I accustomed myself to pure hallucination: I saw very clearly a mosque instead of a factory, a drummers' school consisting of angels, coaches on the roads of the sky, a drawing-room at the bottom of a lake; monsters, mysteries; a music-hall poster could conjure up terrors in front of me.

Then I explained my magic sophisms by means of the hallucination of words!

I ended up by regarding my mental disorder as sacred. I was idle, the prey of a heavy fever: I envied the happiness of beasts

— les chenilles, qui représentent l'innocence des limbes, les taupes, le sommeil de la virginité!

Mon caractère s'aigrissait. Je disais adieu au monde dans d'espèces de romances:

CHANSON DE LA PLUS HAUTE TOUR

Qu'il vienne, qu'il vienne,
Le temps dont on s'éprenne.

J'ai tant fait patience
Qu'à jamais j'oublie.
Craintes et souffrances
Aux cieux sont parties.
Et la soif malsaine
Obscurcit mes veines.

Qu'il vienne, qu'il vienne,
Le temps dont on s'éprenne.
Telle la prairie
A l'oublie livrée,
Grandie, et fleurie
D'encens et d'ivraies,
Au bourdon farouche
Des sales mouches.

Qu'il vienne, qu'il vienne,
Le temps dont on s'éprenne.

J'aimai le désert, les vergers brûlés, les boutiques fanées, les boissons tiédies. Je me traînais dans les ruelles puantes et, les yeux fermés, je m'offrais au soleil, dieu de feu.

— caterpillars, who represent the innocence of limbo, and moles, the sleep of virginity.

My character became bitter. I took leave of the world in some sort of ballads:

SONG OF THE HIGHEST TOWER

Let it come, let it come, the age of our desire.

I have endured so long that I have forgotten everything. Fear and suffering have flown to the skies. And morbid thirst darkens my veins.

Let it come, let it come, the age of our desire.

Thus the meadow, given over to oblivion, grown up, and flowering with frankincense and tares, amid the wild buzzing of filthy flies.

Let it come, let it come, the age of our desire.

I loved the wilderness, dried-up orchards, faded shops, luke-warm drinks. I would drag myself through stinking alleys, and, with closed eyes, I would offer myself to the sun, god of fire.

«Général, s'il reste au vieux canon sur tes remparts en ruine, bombarde-nous avec des blocs de terre sèche. Aux glaces des magasins splendides! dans les salons! Fais manger sa poussière à la ville. Oxyde les gargouilles. Emplis les boudoirs de poudre de rubis brûlante ...»

Oh! le moucheron enivré à la pissotière de l'auberge, amoureux de la bourrache, et que dissout un rayon!

FAIM

Si j'ai du goût, ce n'est guère
Que pour la terre et les pierres.
Je déjeune toujours d'air,
De roc, de charbons, de fer.

Mes faims, tournez. Paissez, faims,
    Le pré des sons.
Attirez le gai venin
    Des liserons.

Mangez les cailloux qu'on brise,
Les vieilles pierres d'églises;
Les galets des vieux déluges,
Pains semés dans les vallées grises.

*

Le loup criait sous les feuilles
En crachant les belles plumes
De son repas de volailles:
Comme lui je me consume.

'General, if there remains one old cannon on your ruined ramparts, bombard us with blocks of dried earth. Fire on the windows of magnificent shops! Into the drawing-rooms! Make the town eat its own dust. Oxidize the waterpipes. Fill the boudoirs with burning powder of rubies . . .'

Oh! the drunken gnat in the pub urinal, in love with borage, and dissolved by a ray of sunlight!

HUNGER

If I have any taste, it is for hardly anything but earth and stones. I breakfast always on air, on rock, on coal, on iron.

Turn, my hungers. Feed, hungers, on the meadow of sounds. Suck the gaudy poison from the convolvuli.

Eat the broken stone; the old masonry of churches; boulders from old floods, loaves sown in the grey valleys.

*

The fox howled under the leaves, spitting out the bright feathers of his feast of fowl: like him, I consume myself.

Les salades, les fruits
N'attendent que la cueillette;
Mais l'araignée de la haie
Ne mange que des violettes.

Que je dorme! que je bouille
Aux autels de Salomon.
Le bouillon court sur la rouille,
Et se mêle au Cédron.

Enfin, ô bonheur, ô raison, j'écartais du ciel l'azur, qui est du noir, et je vécus, étincelle d'or de la lumière *nature*. De joie, je prenais une expression bouffonne et égarée au possible:

Elle est retrouvée!
Quoi? l'éternité.
C'est la mer mêlée
    Au soleil.

Mon âme éternelle,
Observe ton vœu
Malgré la nuit seule
Et le jour en feu.

Donc tu te dégages
Des humains suffrages,
Des communs élans!
Tu voles selon . . .

— Jamais l'espérance,
Pas d'*orietur*.
Science et patience,
Le supplice est sûr.

Salads and fruits are only waiting to be picked; but the hedge spider eats nothing but violets.

Let me sleep! let me simmer on Solomon's altars. The scum runs down over the rust, and mingles with the Kedron.

At last, O happiness, O reason, I removed from the sky the azure, which is a blackness, and I lived, a spark of gold of the *natural* lights. Out of joy, I took on the most clownish and exaggerated mode of expression possible:

It has been found again! What? eternity. It is the sea mingled with the sun.

My immortal soul, keep your vow despite the lonely night and the day on fire.

Thus you detach yourself from human approval, from common impulses! You fly off as you may . . .

— No hope, never; and no *orietur*. Knowledge and fortitude, torture is certain.

Plus de lendemain,
Braises de satin,
Votre ardeur
Est le devoir.

Elle est retrouvée!
— Quoi? — l'Eternité.
C'est la mer mêlée
   Au soleil.

*

Je devins un opéra fabuleux: je vis que tous les êtres ont une fatalité de bonheur: l'action n'est pas la vie, mais une façon de gâcher quelque force, un énervement. La morale est la faiblesse de la cervelle.

A chaque être, plusieurs *autres* vies me semblaient dues. Ce monsieur ne sait ce qu'il fait: il est un ange. Cette famille est une nichée de chiens. Devant plusieurs hommes, je causai tout haut avec un moment d'une de leurs autres vies. — Ainsi, j'ai aimé un porc.

Aucun des sophismes de la folie, — la folie qu'on enferme, — n'a été oublié par moi: je pourrais les redire tous, je tiens le système.

Ma santé fut menacée. La terreur venait. Je tombais dans des sommeils de plusieurs jours, et, levé, je continuais les rêves les plus tristes. J'étais mûr pour le trépas, et par une route de dangers ma faiblesse me menait aux confins du monde et de la Cimmérie, patrie de l'ombre et des tourbillons.

Je dus voyager, distraire les enchantements assemblés sur mon cerveau. Sur la mer, que j'aimais comme si elle eût dû me laver d'une souillure, je voyais se lever la croix consolatrice. J'avais

44

No more tomorrow, satiny embers, your own heat is the [only] duty.

It has been found again! — What? — Eternity. It is the sea mingled with the sun.

*

I became a fabulous opera: I saw that all beings are fated to happiness: that action is not life, but a sort of waste of strength, an enervation. Morality is weakness of the brain.

To every being, several *other* lives seemed to me to be due. This gentleman does not know what he is doing: he is an angel. This family is a pack of dogs. In front of several men, I conversed aloud with a moment out of one of their other lives — Thus, I have loved a pig.

None of the sophistries of madness — the sort of madness that gets locked up — was forgotten by me: I could recite them all, I have the system.

My health was threatened. Terror came upon me. I fell into sleeps which lasted several days and, when I awoke, continued in the saddest dreams. I was ripe for death, and by a road of perils my weakness led me to the confines of the world and of Cimmeria, the home of shadows and whirlwinds.

I was forced to travel, to disperse the enchantments crowding in my brain. On the sea, which I loved as if it were sure to cleanse me of a defilement, I saw rising the cross of comfort. I

été damné par l'arc-en-ciel. Le Bonheur était ma fatalité, mon remords, mon ver: ma vie serait toujours trop immense pour être dévouée à la force et à la beauté.

Le Bonheur! Sa dent, douce à la mort, m'avertissait au chant du coq, — *ad matutinum*, au *Christus venit*, — dans les plus sombres villes:

Ô saisons, ô châteaux!
Quelle âme est sans défauts?

J'ai fait la magique étude
Du bonheur, qu'aucun n'élude.

Salut à lui, chaque fois
Que chante le coq gaulois.

Ah! je n'aurai plus d'envie:
Il s'est chargé de ma vie.

Ce charme a pris âme et corps
Et dispersé les efforts.

Ô saisons, ô châteaux!

L'heure de sa fuite, hélas!
Sera l'heure du trépas.

Ô saisons, ô châteaux!

*

Cela s'est passé. Je sais aujourd'hui saluer la beauté.

had been damned by the rainbow. Happiness was my fatality, my remorse, my worm: my life would always be too vast to be devoted to the pursuit of strength and beauty.

Happiness! Its tooth, sweet unto death, warned me at cock-crow — *ad matutinum*, at the *Christus venit* — in the darkest cities:
O seasons, O towers! What soul is blameless?
I pursued the magic lore of happiness, which none escapes.
Long live it, every time the Gallic cock crows.
Ah! I shall never want again: it has taken charge of my life.
That charm has taken body and soul and dissipated my efforts.
O seasons, O towers!
The hour of its flight, alas! will be the hour of death.
O seasons, O towers!

*

That is all in the past. Nowadays I know how to greet beauty.

L'impossible

Ah! cette vie de mon enfance, la grande route par tous les temps, sobre surnaturellement, plus désintéressé que le meilleur des mendiants, fier de n'avoir ni pays, ni amis, quelle sottise c'était. — Et je m'en aperçois seulement!

— J'ai eu raison de mépriser ces bonshommes qui ne perdraient pas l'occasion d'une caresse, parasites de la propreté et de la santé de nos femmes, aujourd'hui qu'elles sont si peu d'accord avec nous.

J'ai eu raison dans tous mes dédains: puisque je m'évade!

Je m'évade!

Je m'explique.

Hier encore, je soupirais: «Ciel! sommes-nous assez de damnés ici-bas! Moi, j'ai tant de temps déjà dans leur troupe! Je les connais tous. Nous nous reconnaissons toujours; nous nous dégoûtons. La charité nous est inconnue. Mais nous sommes polis; nos relations avec le monde sont très-convenables.» Est-ce étonnant? Le monde! les marchands, les naïfs! — Nous ne sommes pas déshonorés. — Mais les élus, comment nous recevraient-ils? Or il y a des gens hargneux et joyeux, de faux élus, puisqu'il nous faut de l'audace ou de l'humilité pour les aborder. Ce sont les seuls élus. Ce ne sont pas des bénisseurs!

M'étant retrouvé deux sous de raison — ça passe vite! — je vois que les malaises viennent de ne m'être pas figuré assez tôt que nous sommes à l'Occident. Les marais occidentaux! Non que je croie la lumière altérée, la forme exténuée, le mouvement égaré ... Bon! voici que mon esprit veut absolument se charger de tous les développements cruels qu'a subis l'esprit depuis la fin de l'Orient ... Il en veut, mon esprit!

... Mes deux sous de raisons sont finis! — L'esprit est autorité, il veut que je sois en Occident. Il faudrait le faire taire

The Impossible

Ah! that life of my childhood, the highway in all weathers, supernaturally sober, more disinterested than the noblest of beggars, proud of having neither country nor friends, how foolish it was — And I only realize it now!

— I was right to despise those jolly fellows who never miss the opportunity of a caress, parasites on the cleanliness and health of our women, today when they are so little in agreement with us men.

I was right in all my contempts: because I am running away!
I am running away!
I shall explain.

Yesterday, still, I was sighing: 'Heavens! there are enough of us damned souls down here! I have spent so long myself among that crew! I know them all. We always recognize each other; we find each other disgusting. Charity is unknown to us. But we are polite; our relations with people are perfectly correct.' Is that surprising? People! merchants, simpletons! — We are not dishonoured — But the elect, how would they receive us? For there are cross-grained and joyous folk, a false elect, since we need either audacity or humility in order to accost them. These are the only elect. They do not bless others!

Having found two pennyworth of sense again — it's soon spent! — I see that my discomfort comes of not realizing soon enough that we are in the West. The western swamps! Not that I believe that the light is impaired, the form extenuated, the movement misdirected . . . Well then! my mind wishes absolutely to load itself with all the cruel developments which mind has suffered since the end of the East . . . It bears a grudge, my mind!

. . . My two pennyworth of sense are spent! — The mind is

pour conclure comme je voulais.

J'envoyais au diable les palmes des martyrs, les rayons de l'art, l'orgueil des inventeurs, l'ardeur des pillards; je retournais à l'Orient et à la sagesse première et éternelle. — Il paraît que c'est un rêve de paresse grossière!

Pourtant, je ne songeais guère au plaisir d'échapper aux souffrances modernes. Je n'avais pas en vue la sagesse bâtarde du Coran. — Mais n'y a-t-il pas un supplice réel en ce que, depuis cette déclaration de la science, le christianisme, l'homme *se joue*, se prouve les évidences, se gonfle du plaisir de répéter ces preuves, et ne vit que comme cela! Torture subtile, niaise; source de mes divagations spirituelles. La nature pourrait s'ennuyer, peut-être! M. Prudhomme est né avec le Christ.

N'est-ce pas parce que nous cultivons la brume! Nous mangeons la fièvre avec nos légumes aqueux. Et l'ivrognerie! et le tabac! et l'ignorance! et les dévouements! — Tout cela est-il assez loin de la pensée, de la sagesse de l'Orient, la patrie primitive? Pourquoi un monde moderne, si de pareils poisons s'inventent!

Les gens d'Église diront: C'est compris. Mais vous voulez parler de l'Éden. Rien pour vous dans l'histoire des peuples orientaux. — C'est vrais; c'est à l'Éden que je songeais! Qu'est-ce que c'est pour mon rêve, cette pureté des races antiques!

Les philosophes: Le monde n'a pas d'âge. L'humanité se déplace, simplement. Vous êtes en Occident, mais libre d'habiter dans votre Orient, quelque ancien qu'il vous le faille, — et d'y habiter bien. Ne soyez pas un vaincu. Philosophes, vous êtes de votre Occident.

Mon esprit, prends garde. Pas de partis de salut violents. Exerce-toi! — Ah! la science ne va pas assez vite pour nous!

— Mais je m'aperçois que mon esprit dort.

authority, it wishes me to be in the West. It would be necessary to silence it, if I am to conclude in the way I wished.

I consigned to the devil the palms of martyrs, the glories of art, the pride of inventors, the frenzy of looters; I returned to the East and to original and eternal wisdom — It seems to be a dream of gross laziness!

Still, I was hardly thinking about the pleasure of escaping from modern sufferings. I did not have the bastard wisdom of the Koran in mind — But is there not real torture in the fact that, ever since that declaration of knowledge, Christianity, man has *cheated himself*, proving the obvious to himself, puffing himself up with the pleasure of repeating these proofs, and living in no other way than that! Subtle, silly torture; the root of my spiritual divagations. Nature might get bored, perhaps! M. Prudhomme was born at the same time as the Messiah.

It is not because we cultivate fogs! We eat fever along with our watery vegetables. And drunkenness! and tobacco! and ignorance! and devoutness! — Is all that far enough away from the thought, from the wisdom of the East, the primeval motherland? Why a modern world, if poisons like this are invented!

Men of the Church will say: Understood. But you really mean Eden. Nothing to do with you, the history of Oriental peoples. — And it's true; it was of Eden that I was dreaming! What does that purity of ancient races have to do with my dream!

Philosophers: The world has no age. Humanity, quite simply, moves about. You are in the West, but free to live in your East, as old as you wish it — and to live there well. Do not be one of the defeated. Philosophers, you belong to your West.

My mind, take care. No violent decisions on salvation. Stir yourself! — Ah! science does not travel fast enough for us!

— But I see that my mind is asleep.

If it were always wide awake from now on, we should soon

S'il était bien éveillé toujours à partir de ce moment, nous serions bientôt à la vérité, qui peut-être nous entoure avec ses anges pleurant! . . . — S'il avait été éveillé jusqu'à ce moment-ci, c'est que je n'aurais pas cédé aux instincts délétères, à une époque immémoriale! . . . — S'il avait toujours été bien éveillé, je voguerais en pleine sagesse! . . .

Ô pureté! pureté!

C'est cette minute d'éveil qui m'a donné la vision de la pureté! — Par l'esprit on va à Dieu!

Déchirante infortune!

L'éclair

Le travail humain! c'est l'explosion qui éclaire mon abîme de temps en temps.

«Rien n'est vanité; à la science, et en avant!» crie l'Ecclésiaste modern, c'est-à-dire *Tout le monde*. Et pourtant les cadavres des méchants et des fainéants tombent sur le cœur des autres . . . Ah! vite, vite un peu; là-bas, par delà la nuit, ces récompenses futures, éternelles . . . les échappons-nous? . . .

— Qu'y puis-je? Je connais le travail; et la science est trop lente. Que la prière galope et que la lumière gronde . . . je le vois bien. C'est trop simple, et il fait trop chaud; on se passera de moi. J'ai mon devoir, j'en serai fier à la façon de plusieurs, en le mettant de côté.

Ma vie est usée. Allons! feignons, fainéantons, ô pitié! Et nous existerons en nous amusant, en rêvant amours monstres et univers fantastiques, en nous plaignant et en querellant les apparences du monde, saltimbanque, mendiant, artiste, bandit, — prêtre! Sur mon lit d'hôpital, l'odeur de l'encens m'est revenue si

arrive at the truth, which perhaps surrounds us [even now] with its angels weeping! ... — If it had been awake up to this moment, then I should not have surrendered to pernicious instincts, in an immemorial epoch! ... — If it had always been wide awake, I should be sailing in full wisdom! ...

O purity! purity!

This is the moment of wakefulness which has given me the vision of purity! — By intelligence one goes to God!

Heart-rending misfortune!

Flash of Lightning

Human labour! this is the explosion which lights up my abyss from time to time.

'Nothing is vanity; to knowledge, forward!' cries the modern Ecclesiastes, which is to say, *Everybody*. And yet the corpses of the wicked and of the idle still fall upon the hearts of others ... Ah! quick, *quick!* over there, beyond the night, those future, everlasting rewards ... shall we escape them? ...

— What can I do about it? I know what work is; and science is too slow. That prayer gallops and that light grumbles ... I see it clearly. It is too simple, and the weather is too warm; they will do without me. I have my duty, and I shall be proud of it in the way that several others are, putting it aside.

My life is worn out. Come! let us deceive, let us do nothing, O the pity of it! And we shall exist by amusing ourselves, by dreaming of our monstrous loves and our fantastic universes, complaining and quarrelling with the world's outward shows, a mountebank, a beggar, an artist, a ruffian — a priest! On my

puissante; gardien des aromates sacrés, confesseur, martyr . . .

Je reconnais là ma sale éducation d'enfance. Puis quoi! . . .
Aller mes vingt ans, si les autres vont vingt ans . . .

Non! non! à présent je me révolte contre la mort! Le travail
paraît trop léger à mon orgueil: ma trahison au monde serait un
supplice trop court. Au dernier moment, j'attaquerais à droite, à
gauche . . .

Alors, — oh! — chère pauvre âme, l'éternité serait-elle pas
perdue pour nous!

Matin

N'eus-je pas *une fois* une jeunesse aimable, héroïque, fabuleuse,
à écrire sur des feuilles d'or, — trop de chance! Par quel crime,
par quelle erreur, ai-je mérité ma faiblesse actuelle? Vous qui
prétendez que des bêtes poussent des sanglots de chagrin, que
des malades désespèrent, que des morts rêvent mal, tâchez de
raconter ma chute et mon sommeil. Moi, je ne puis pas plus
m'expliquer que le mendiant avec ses continuels *Pater* et *Ave
Maria. Je ne sais plus parler!*

Pourtant, aujourd'hui, je crois avoir fini la relation de mon
enfer. C'était bien l'enfer; l'ancien, celui dont le fils de l'homme
ouvrit les portes.

Du même désert, à la même nuit, toujours mes yeux las se
réveillent à l'étoile d'argent, toujours, sans que s'émeuvent les
Rois de la vie, les trois mages, le cœur, l'âme, l'esprit. Quand
irons-nous, par delà les grèves et les monts, saluer la naissance
du travail nouveau, la sagesse nouvelle, la fuite des tyrans et des
démons, la fin de la superstition, adorer — les premiers! — Noël
sur la terre!

hospital bed, the smell of incense came back to me so strong; keeper of the holy aromatics, confessor, martyr . . .

Here I recognize my rotten upbringing. What of it! . . . I'll be twenty, if the others are going to be twenty . . .

No! no! at this moment I rebel against death! Work seems too slight to my pride: my betrayal of myself to the world would be too brief a torment. At the last moment I should strike out, right and left . . .

And then — oh! — poor dear soul, eternity would not be lost to us!

Morning

Did I not have *once upon a time* a pleasant childhood, heroic, fabulous, to be written on pages of gold — too lucky! Through what crime, through what error, have I deserved my present weakness? You who claim that animals sob with grief, that sick people despair, that the dead have bad dreams, try to give an account of my fall and my slumbers. *I* can explain myself no better than the beggar with his incessant Our Father's and Hail Mary's. *I don't know how to speak any more!*

And yet today I think I have finished the account of my hell. It certainly was hell; the old one, whose gates were opened by the son of man.

From the same desert, in the same night, always my weary eyes awaken to the silver star, always, without disturbing the Kings of life, the three magi, the heart, the soul, the mind. When shall we journey, beyond the beaches and the mountains, to hail the birth of the new labour, the new wisdom, the rout of tyrants

Le chant des cieux, la marche des peuples! Esclaves, ne maudissons pas la vie.

Adieu

L'automne déjà! — Mais pourquoi regretter un éternel soleil, si nous sommes engagés à la découverte de la clarté divine, — loin des gens qui meurent sur les saisons.

L'automne. Notre barque élevée dans les brumes immobiles tourne vers le port de la misère, la cité énorme au ciel taché de feu et de boue. Ah! les haillons pourris, le pain trempé de pluie, l'ivresse, les mille amours qui m'ont crucifié! Elle ne finira donc point cette goule reine de millions d'âmes et de corps morts *et qui seront jugés!* Je me revois la peau rongée par la boue et la peste, des vers plein les cheveux et les aisselles et encore de plus gros vers dans le cœur, étendu parmi les inconnus sans âge, sans sentiment . . . J'aurais pu y mourir . . . L'affreuse évocation! J'exècre la misère.

Et je redoute l'hiver parce que c'est la saison du confort!

— Quelquefois je vois au ciel des plages sans fin couvertes de blanches nations en joie. Un grand vaisseau d'or, au-dessus de moi, agite ses pavillons multicolores sous les brises du matin. J'ai créé toutes les fêtes, tous les triomphes, tous les drames. J'ai essayé d'inventer de nouvelles fleurs, de nouveaux astres, de nouvelles chairs, de nouvelles langues. J'ai cru acquérir des pouvoirs surnaturels. Eh bien! je dois enterrer mon imagination et mes souvenirs! Une belle gloire d'artiste et de conteur emportée!

Moi! moi qui me suis dit mage ou ange, dispensé de toute morale, je suis rendu au sol, avec un devoir à chercher, et la réalité

and demons, the end of superstition; to adore — as the first comers! — Christmas on earth!

The song of the heavens, the march of nations! Slaves, let us not curse life.

Farewell

Autumn already! — But why look back with longing at an eternal sun, if we are pledged to the discovery of the divine light — far from those who die according to the seasons.

Autumn. Our ship towering in the motionless mists turns toward the port of poverty, the enormous city whose sky is flecked with fire and mud. Ah! the rotting rags, the bread soaked with rain, the drunkenness, the thousand loves which have crucified me! She will never, then, have done, this ghoul queen of millions of souls and dead bodies — *and they will be judged!* I see again my skin ravaged with mud and pestilence, my hair and my armpits full of worms, and still bigger worms in my heart, lying stretched out among unknown people without age or feelings . . . I might have died there . . . Horrible evocation! I detest poverty.

And I fear winter because it is the season of comfort!

Sometimes I see in the sky beaches without end covered with white populations full of joy. A great golden vessel above me waves its many-coloured standards in the morning breezes. I have created all feasts, all triumphs, all dramas. I tried to invent new flowers, new stars, new flesh, new tongues. I believed I had acquired supernatural powers. Well! I must bury my imagination and my memories! A fine fame as an artist and

57

rugueuse à étreindre! Paysan!

Suis-je trompé? la charité serait-elle sœur de la mort, pour moi?

Enfin, je demanderai pardon pour m'être nourri de mensonge. Et allons.

Mais pas une main amie! et où puiser le secours?

*

Oui, l'heure nouvelle est au moins très-sévère.

Car je puis dire que la victoire m'est acquise: les grincements de dents, les sifflements de feu, les soupirs empestés se modèrent. Tous les souvenirs immondes s'effacent. Mes derniers regrets détalent, — des jalousies pour les mendiants, les brigands, les amis de la mort, les arriérés de toutes sortes. — Damnés, si je me vengeais!

Il faut être absolument moderne.

Point de cantiques: tenir le pas gagné. Dure nuit! le sang séché fume sur ma face, et je n'ai rien derrière moi, que cet horrible arbrisseau! ... Le combat spirituel est aussi brutal que la bataille d'hommes; mais la vision de la justice est le plaisir de Dieu seul.

Cependant c'est la veille. Recevons tous les influx de vigueur et de tendresse réelle. Et à l'aurore, armés d'une ardente patience, nous entrerons aux splendides villes.

Que parlais-je de main amie! Un bel avantage, c'est que je puis rire des vieilles amours mensongères, et frapper de honte ces couples menteurs, — j'ai vu l'enfer des femmes là-bas; — et il me sera loisible de *posséder la vérité dans une âme et un corps*.

Avril–août, 1873

story-teller swept away!

I! I, who called myself magus or angel, exempt from all morality, I am given back to the earth, with a task to pursue, and wrinkled reality to embrace! A peasant!

Am I mistaken? is charity, for me, the sister of death?

Well, now I shall ask forgiveness for having fed on lies. And let us go.

But no friendly hand! and whence shall I obtain succour?

*

Yes; the latest hour is, to say the least, very severe.

For I can say that I have won the victory: the gnashing of teeth, the hissing of flames, and the pestilent sighings are dying down. All the filthy memories are disappearing. My last regrets take to their heels — jealousies of beggars, brigands, friends of death, all kinds of backward creatures — Damned, too, if I took vengeance!

One must be absolutely modern.

No hymn-singing: hold on to the yard one has gained. Severe night! the dried blood smokes on my face, and I have nothing at my back but that horrible stunted tree! . . . Spiritual combat is as brutal as the battling of men; but the vision of justice is God's pleasure alone.

Still, now is the eve. Let us receive all influxes of strength and of real tenderness. And at dawn, armed with a burning patience, we shall enter into the splendid cities.

What was I saying about a friendly hand! One fine advantage: I can laugh at the old false loves, and strike shame into those lying couples — I have seen the hell of women down there — and it will now be permitted to me *to possess truth in one soul and one body.*

April–August 1873